CONFÉRENCES

SUR LA

GÉOGRAPHIE COMMERCIALE

CONFÉRENCES

SUR

LA GÉOGRAPHIE

commerciale

PAR

MM. L. MARIE & F. EICHEL

Professeurs au Collège de Vienne (Isère)

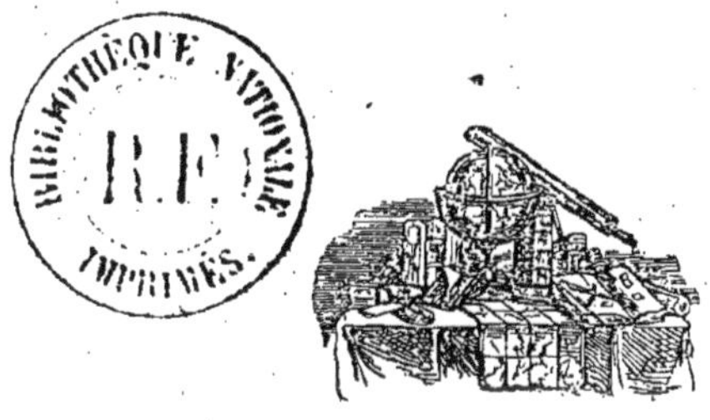

VIENNE

TYPOGRAPHIE ET LITHOGRAPHIE SAVIGNÉ

—

1875

Non contente d'avoir pris l'initiative de ces conférences, la Chambre de commerce de Vienne a bien voulu en demander la publicité. — Dans son zèle pour la propagation d'une des sciences les plus utiles, elle a pensé qu'une parole écoutée avec sympathie pourrait être lue avec indulgence. — Aussi n'y avons-nous presque rien changé, tenant à leur conserver leur vrai caractère : l'abandon d'une causerie intime.

Telles qu'elles sont, et de nouveau placées sous un patronage qui les honore, nous les offrons à MM. les Instituteurs de notre arrondissement, comme un souvenir de leur assiduité si méritoire, comme un témoignage d'affectueuse confraternité.

L. M.

Vienne, le 15 juillet 1875.

La 1re & la 3me conférences sont de M. MARIE, la 2me de M. EICHEL.

PREMIÈRE CONFÉRENCE

Messieurs,

Il est difficile, périlleux même de parler en public, mon collègue, M. Eichel, et moi, nous le savons ; mais il est une considération qui pour nous a primé toutes les autres et qui auprès de vous servira d'excuse à notre témérité : le désir d'être utiles. Dans le pèlerinage entrepris ensemble, nous avons bien un peu pensé à nos élèves, à nos enfants du Collége (comment oublier sa famille ?) mais aussi, mais en même temps, Messieurs, nous avons pensé à vous. Est-ce que, tous, nous n'appartenons pas à cette grande famille qu'on appelle l'Université ? Tous, ne sommes-nous pas un ? Notre but n'est-il pas exactement le même : instruire, c'est-à-dire élever ? A proprement parler, dans l'enseignement primaire, secondaire, supérieur, il n'y a pas de traits séparatifs ; il n'y a que des traits d'union. Tous, nous sommes des instituteurs ; c'est là notre titre, et je n'en connais pas de plus beau ; tous, nous sommes chargés de former des hommes ; c'est là notre mission, et je n'en connais pas de plus belle. Et voilà pourquoi, Messieurs, quand l'un de nous a découvert ou appris quelque secret de faciliter, de simplifier l'instruction, qui est le grand moyen de l'éducation, il doit, dans l'intérêt même de la société, le communiquer à ses collaborateurs. Le flambeau allumé qu'il a entre les mains, il doit le placer, non pas sous le boisseau, mais sur le chandelier.

Ce que je viens de dire m'amène naturellement à vous faire connaître l'objet de la mission qui nous a été confiée et le motif qui nous rassemble.

Au mois de février dernier, la Chambre de commerce de Lyon a informé la Chambre de commerce de Vienne que M. Ganeval, professeur de géographie dans la première ville, devait y faire quelques conférences sur la géographie commerciale adaptée à l'enseignement primaire. Or, la Chambre de commerce de Vienne ayant bien voulu, par l'organe de M. Jacob, principal du Collége, nous inviter à y assister, nous nous sommes empressés de répondre à cet appel, et M. l'Inspecteur d'Académie ayant daigné accorder son autorisation *ad hoc*, nous venons, Messieurs, vous rendre compte des cinq conférences que nous avons entendues sur le sujet précité. J'ai un regret : c'est qu'il ne vous ait pas été donné de les entendre vous-mêmes ; assurément vous y eussiez trouvé plaisir, et, je le crois, profit. Ici, vous n'aurez qu'un écho affaibli de ce qui s'est dit là-bas magistralement ; toutefois nous serions heureux si nous parvenions à vous rendre sinon la lettre, du moins l'esprit de ces belles conférences.

Résumant à grands traits M. Ganeval, qui, lui-même, en un sujet si vaste, a dû se borner à des généralités, et procédant comme lui par des exemples plutôt que par des théories qui ont toujours quelque chose de vague, je me propose, Messieurs, dans deux entretiens familiers, dans deux causeries intimes, de vous exposer sa méthode, à l'aide d'un aperçu général de l'Europe, et, s'il se peut, d'une étude précise de l'Europe occidentale. Ce choix, vous l'avez déjà compris, ce choix n'est pas arbitraire ; il est imposé par la raison même, par l'importance commerciale de ce premier côté du monde ; et, s'il m'était permis d'insister quelque peu sur la France, je le ferais de grand cœur, car

la France, notre chère patrie, doit être notre premier intérêt, et par ses idées civilisatrices, comme par sa position
géographique, elle est encore, oui, elle est toujours « la
proue de l'Europe. » Ainsi, tout en vous rappelant ce que
vous connaissez déjà de longue date, vous surprendrez ce
qu'il y a de neuf dans la méthode du professeur, qui, d'a-
près son propre aveu, est en partie celle de Mulhouse.

Aujourd'hui je me bornerai à étudier l'Europe au point
de vue de sa configuration ou de ses limites extérieures, de
la nature de sa surface, de son climat et de ses principaux
cours d'eau. De son côté, M. Eichel se propose de vous
donner, dans une causerie analogue, des détails circons-
tanciés sur quelques-uns des principaux produits industriels relatifs à cette même partie du monde et spécialement
à notre localité.

Lorsqu'on jette un regard sur la carte de l'Europe, ce
qui frappe d'abord, ce sont les enfoncements profonds, les
échancrures multipliées qu'on remarque sur presque toutes
ses côtes, particulièrement sur ses côtes occidentales
et méridionales : témoin la Baltique, le golfe de
Gascogne, la mer Méditerranée et ses annexes ; témoin les côtes de la Norwége, de la Grande-Bretagne
occidentale, de la France, de l'Italie même, surtout à sa partie méridionale, et enfin de la Grèce, la plus découpée des
contrées de l'Europe, comme l'Europe, dans son ensemble,
est la plus découpée des cinq parties du monde. Ce phéno-
mène de géographie physique mérite de fixer l'attention au
point de vue de la géographie commerciale. On peut le
dire en général de tout pays : pas d'enfoncements dans les
terres, pas de déchirures sur les côtes, et pas de navigation,
car pas de voies faciles ; pas d'horizons attractifs, pas d'abri
sûr pour les vaisseaux. L'Europe, en particulier l'Europe
occidentale, est donc très-bien conformée pour le commerce

maritime. Ses mers, ses détroits, ses golfes, ses myriades de baies l'y prédisposent d'une façon telle que son commerce, on peut le dire, est en raison directe de son heureuse configuration ; et, comme le commerce, en échangeant des produits, échange aussi des idées, on peut affirmer, à la seule inspection de sa carte, qu'elle sera en même temps le théâtre d'une grande activité intellectuelle, et marquera *à priori* son rôle dans la civilisation. Voilà pourquoi, Messieurs, lorsqu'on étudie un pays, même au point de vue commercial, il faut toujours commencer par la géographie physique de ce pays, car elle influe sur la nature et l'importance des rapports commerciaux, car elle influe sur l'homme lui-même et donne en partie la clef de ses destinées.

Mais, direz-vous, cette règle n'est pas absolue. La péninsule hispanique est peu découpée ; le Portugal a des côtes presque en droite ligne, et cependant l'Espagne et le Portugal se sont élancés les premiers dans la voie des grandes découvertes. Cela est vrai, Messieurs, et tous déjà vous avez répondu à cette objection. Le Portugal, la plus occidentale des contrées européennes ; le Portugal, attaché aux flancs de l'Espagne et ne pouvant s'agrandir de ce côté, le Portugal s'est jeté à la mer avec la boussole et Vasco de Gama ; et l'Espagne, sa redoutable voisine, également à l'aide de la boussole et de Christophe Colomb, qui voulait abréger la route des Indes, l'Espagne rencontra et prit l'Amérique. Ainsi ce double problème se trouve expliqué par la position des deux contrées, et le génie. Or, en géographie, comme en histoire, il faut toujours compter avec ces deux puissances, surtout la dernière. Ainsi fut opérée la plus grande révolution commerciale, maritime, disons mieux, la plus grande révolution économique des temps modernes, dont je ne puis m'empêcher, en courant, de signaler les résultats généraux :

1° Elle a livré à l'activité européenne les immenses ressources de l'Orient et d'un monde nouveau ;

2° En changeant les routes du commerce, elle a fait passer la puissance maritime des républiques italiennes aux nations occidentales ;

3° Elle a développé la richesse mobilière, en tirant des mines d'or du Pérou et du Mexique une masse énorme d'or et d'argent.

Je disais, il y a un instant, qu'il fallait toujours compter avec le génie. Cela est si évident, Messieurs, que de nos jours, par un gigantesque labeur, le génie vient d'opérer une révolution pour ainsi dire contraire, du moins en un sens, à celle dont je viens de vous signaler les principaux résultats. Par le percement de l'isthme de Suez, le bassin de la Méditerranée est redevenu la grande voie du commerce et de la navigation. Tout passe par ce chemin, même l'Angleterre, pour aller aux Indes. Il y a de ces retours, dans l'histoire.

Afin de faire ressortir les avantages exceptionnels de la configuration de l'Europe, je me permettrai, en dernière analyse, un rapprochement entre sa partie méridionale et celle de l'Asie.

L'Europe et l'Asie se terminent l'une et l'autre au sud par trois presqu'îles qui, par leur forme et l'ordre même où elles se présentent de l'ouest à l'est, offrent une analogie assez rare. Seulement elles atteignent dans l'Asie des proportions colossales, et, à ce titre, au premier abord, elles semblent prévaloir. Ainsi, à l'épais carré de l'Espagne correspond l'énorme rectangle de l'Arabie ; à la longue arête italique, l'immense cône renversé de l'Hindoustan ; à la péninsule hellénique, si découpée, la vaste péninsule de l'Indo-Chine, si échancrée elle-même. Et pour que le parallèle soit plus complet, de même que la nature a mis au nord et au sud de l'Italie son plus grand fleuve et sa plus grande île, elle a placé au nord et au sud de l'Indoustan un des plus grand fleuves du monde et une île importante. On pourrait continuer ce parallèle, et, à chaque pas, on rencontrerait de nouvelles analogies. Mais voici où éclate la différence : tandis que l'Asie méridionale regarde l'Océan, l'infini, et semble attendre un monde à qui elle puisse donner la main, l'Europe méridionale, plus heureuse, a devant elle un monde immense, l'Afrique, avec laquelle elle est en relation perpétuelle, qu'elle pénètre de plus en plus profondément, qu'elle ouvre chaque jour au commerce, à la science, à la civilisation.

Et cependant l'Asie méridionale n'a-t-elle pas, sinon au sud, du moins au sud-est le monde qu'elle semble attendre encore ? Depuis quelque vingt ans, l'Angleterre, inquiète pour ses possessions des Indes, l'Angleterre, prudente, s'est en quelque sorte réfugiée en Australie. Or, l'Australie, quant à l'étendue, c'est presque l'Europe, et cette partie du monde, mieux connue, colonisée sur une large échelle, peut devenir pour l'Asie méridionale ce qu'est pour nous l'Afrique. Vu la facilité, la multiplicité des communications ; vu la marche rapide, la force expansive de la civilisation européenne, c'est là une question que dès aujourd'hui il est permis de résoudre par l'affirmative.

J'ai essayé, Messieurs, de vous donner une idée des limites extérieures de l'Europe, en particulier de l'Europe occidentale et des avantages qui en résultent pour elle au point de vue du commerce et de la navigation maritime, un des grands véhicules du commerce. Il me reste à vous faire connaître, dans un aperçu non moins rapide, la nature de sa surface, son climat et l'importance commerciale de ses principaux fleuves.

Et d'abord quelques mots sur la nature de sa surface.

Dans le nord, excepté la grande chaîne des Dofrines, tout n'est qu'une vaste plaine accidentée par la Baltique; mais s'élargissant vers l'est depuis les mers polaires jusqu'à la mer Noire, offrant de grands lacs presque toujours glacés, et ne présentant aucun obstacle aux vents froids de la région boréale. La région du sud se distingue par cette suite de montagnes, les Pyrénées, les Alpes, les Carpathes qui répandent leur rameaux en Turquie, en Italie, en Espagne, arrêtant les vents glacés du nord, recevant les vents chauds d'Afrique, et offrant cette admirable variété de golfes, de presqu'îles, de vallées, de montagnes, d'îles baignées par cette Méditerranée qui depuis quarante siècles voit se succéder les diverses phases de la civilisation européenne.

Laissons la parole à un maître :

« L'Europe est le plus magnifique témoignage de la grandeur de l'homme. Ce coin de terre, humble appendice du vaste continent asiatique, n'offre rien de grandiose et d'imposant dans les végétaux, les animaux et même les accidents physiques du sol; il n'a ni les magnificences extérieures, ni les richesses intérieures des autres parties du monde; il ne recèle presque dans son sein que du fer et de la houille; il n'avait jadis à sa surface que des forêts; il n'a été favorisé que de sa position géographique. La nature avait donc négligé l'Europe; c'est le génie de l'homme qui l'a faite ce qu'elle est. Il l'a enrichie de tous les biens qu'il a empruntés et dérobés aux autres parties du globe: il a digué ses fleuves, aplani ses montagnes, desséché ses marais, ouvert son sol aux rayons du soleil et au souffle des vents; il a dompté ses mers, assaini son atmosphère, créé son climat, fait enfin de cette contrée la portion la plus habitable du globe, celle où la vie humaine est le moins exposée aux fléaux qui la dévorent ailleurs; celle où les animaux féroces, les végétaux dangereux sont en plus petit nombre, où les volcans, les tremblements de terre, les ouragans sont le moins redoutables, où les pestes, les famines sont le plus rares ; celle enfin où l'homme met le plus glorieusement en œuvre les facultés créatrices que Dieu a déposées en lui ». (Théophile Lavallée, *Géographie*, pp. 58-59).

Dans ce tableau, vous le voyez, l'auteur a rendu un digne hommage au génie de l'homme. S'est-il montré aussi impartial à l'égard de la nature ? Je ne le crois pas. La moitié de l'Europe est une terre privilégiée. En géographie, comme dans toutes les sciences, il est difficile de bien généraliser. Du reste, Lavallée se corrige lui-même à la page qui précède immédiatement celle que je viens de citer.

L'Europe est presque tout entière dans la zône tempérée ; aussi le climat y est-il généralement doux et sain. Jusqu'au 45° degré le climat est chaud ; la neige et la gelée ont peu de durée ; l'hiver est court ; la végétation commence en janvier. Du 45ᵉ au 55ᵉ degré le climat est tempéré ; l'hiver a ses rigueurs, le printemps est quelquefois pluvieux et l'automne quelquefois très-beau. Au-delà du 55° degré le froid devient de plus en plus intense à mesure qu'on se rapproche du pôle. = L'Europe possède de nombreuses mines de houille, de fer, de cuivre, d'étain, de plomb et de mercure, quelques mines d'argent. — Grâce à la douceur générale du climat et à une culture savante, elle produit la plupart des plantes nécessaires à l'homme. Nous reviendrons en temps et lieu sur ses richesses minérales et ses différentes productions.

Pour épuiser le sujet de notre première causerie, je n'ai plus, Messieurs, à traiter qu'une question : l'importance commerciale des principaux fleuves européens. Rien de neuf à vous apprendre à cet égard. Je n'aurai qu'à condenser les données éparpillées dans différents auteurs, qu'à suivre un ordre méthodique, qu'à passer en revue du nord au sud, les principaux cours d'eau de l'Europe. Je ne ferai guère que les indiquer, tout commentaire avec vous étant inutile.

L'Europe, vous le savez, est partagée dans le sens de sa plus grande longueur, c'est-à-dire du nord-est au sud-ouest, par une ligne continue de hauteurs, qui se rattache, au moyen des monts Alguidim, à la dorsale asiatique et par suite à la grande ligne de partage des eaux du monde. Cette arête hydrographique ou dorsale européenne, tortueuse et de hauteur variable, commence aux monts Kara-Adyr, nœud de l'Oural et des monts Alguidim, et se termine au cap Tarifa, sur le détroit de Gibraltar, en traversant les quatre régions russe, allemande, française, hispanique. Elle sépare l'Europe en deux versants principaux : 1° celui du nord, incliné vers l'Océan glacial arctique et l'Atlantique proprement dit ; 2° celui du sud incliné vers la Méditerranée, son prolongement la mer Noire et l'immense lac connu sous le nom de mer Caspienne. Or, chacun des deux versants principaux est partagé en deux autres par deux lignes de hauteurs secondaires qui se rattachent à la dorsale, vers le milieu de la région russe, et se terminent : l'une, par un contre-fort, à un des nombreux caps de la Norwège, sous le cercle polaire arctique ; l'autre, à l'Elbrouz, sur la ligne du Caucase, divisant ainsi l'Europe en quatre versants, à savoir :

1° Le versant de l'Océan glacial arctique ;
2° Le versant de l'Atlantique proprement dit ;
3° Le versant de la Méditerranée ;
4° Le versant de la Caspienne.

Ces quatre versants se subdivisent eux-mêmes en bassins maritimes, dont je nommerai les principaux au fur et à mesure qu'ils se présenteront dans notre revue.

Bassin de l'Océan glacial. — Le fleuve le plus important est la Dwina du nord, à cause d'Arkhangel, entrepôt du commerce de la Russie boréale. Malheureusement ce port est fermé par les glaces pendant huit mois de l'année. — Quant à la Petchora, qui traverse des plaines désolées, elle est loin de valoir le Rhin que pourtant elle égale en longueur.

Bassin de la Baltique. — En première ligne vient la Néva, à cause de St-Pétersbourg ; puis la Dwina du sud, le Niémen russe et prussien, la Vistule qui appartient aux maîtres de la Pologne, et l'Oder.

Bassin des détroits. — Le seul cours d'eau important est la Gotha, à cause de sa communication avec le lac Wener, théâtre en été d'une active navigation.

Bassin de la mer du Nord. — On y remarque l'Elbe qui naît en Autriche et débouche en Allemagne sur la limite danoise ; — il arrose des lieux célèbres par les victoires des Prussiens sur les Autrichiens ; — le Rhin, qui naît en Suisse et finit en Hollande. Ce fleuve qui au nord-est nous servit longtemps de limite naturelle, la Tamise et le Danube, forment la grande artère commerciale de l'Europe.

Deux des bras du Rhin vont se jeter dans la Meuse qui naît en France, traverse la Belgique et finit en Hollande. Il suffit de dire que ce fleuve baigne Sedan, Mézières, Liége, Namur, Maestricht et, par une de ses bouches, Rotterdam.

Les bouches de la Meuse se confondent avec celles de l'Escaut qui arrose les mêmes pays que la Meuse et a beaucoup plus d'importance que son peu de parcours ne pourrait le faire supposer. Il nous suffira de dire qu'il baigne Cambrai, Valenciennes, Gand, Anvers.

Enfin, en face de ces trois grands fleuves est la Tamise, une des plus belles voies fluviales de l'Europe jusqu'à Londres, la ville la plus peuplée et la plus commerçante du globe (4,000,000 d'habitants).

Bassin de l'Irlande occidentale. — Le Shannon en Irlande n'a qu'une importance secondaire, mais le Mersey est le second cours d'eau de l'Angleterre, à cause de Liverpool.

Bassin de la Manche. — La Seine est un fleuve de premier ordre, à cause des trois grandes villes du Havre, de Rouen et de Paris, et de ses communications avec l'Escaut, la Meuse, le Rhin, le Rhône et la Loire.

Bassin du golfe de Gascogne. — La Loire, ensablée presque partout, s'est canalisée pour conserver son importance, et communique par canaux avec Brest, la Seine et le Rhône.

La Garonne, plus favorisée par la nature, n'a peut-être pas autant d'activité commerciale. Elle est cependant unie au Rhône par un canal.

Bassin de l'Hispanie occidentale. — Le Douro et le Tage sont les deux seuls cours d'eau importants ; encore ne le sont-ils qu'en Portugal. Les rivières navigables feront toujours défaut à une grande partie de l'Espagne. On doit regretter aussi que ses principaux cours d'eau n'aient pas la direction la plus favorable à ses intérêts. Il serait plus avantageux pour elle, surtout aujourd'hui, d'avoir son versant principal et l'embouchure de ses fleuves du côté de la Méditerranée : son commerce et son industrie auraient pris une tout autre extension. L'Ebre et le versant de la Catalogne ont précisément cette direction exceptionnelle, et la province de ce nom doit en partie à cet avantage physique sa supériorité relative au point de vue de l'activité industrielle et commerciale.

Bassin inférieur de la Méditerranée. — L'Ebre, nommé plus haut : le Rhône, d'autant plus considérable qu'il se prolonge au nord par la Saône et qu'il est uni par canaux avec les cinq grands fleuves de la Garonne, de la

Loire, de la Seine, de la Meuse et du Rhin. (850 kil.
de cours; navigable sur environ 500).

Bassins des mers Adriatique et Ionienne. — Un seul
fleuve, le Pô, qui naît dans le Piémont et traverse un pays
d'une admirable fertilité. « Ses bords, généralement plats,
et ses eaux lentes et tranquilles favorisent tous les trajets
d'une rive à l'autre; la largeur de son lit facilite toute espèce de transports. Dans sa partie inférieure, il peut porter
des navires de 120 tonneaux. »

Bassins de l'Archipel et de la mer de Marmara. — Pas
un seul cours d'eau à citer, si ce n'est peut-être la Maritza,
à cause d'Andrinople.

Bassins des mers Noire et d'Azof. — Il faut remarquer en première ligne le Danube qui prend naissance en
Allemagne, près du Rhin, avec lequel il est uni par canal
au moyen du Mein, traverse la Bavière, l'Autriche et les
principautés roumaines. Son importance naturelle s'est
accrue par le traité de 1856 qui l'a enlevé à la Russie pour
en faire un fleuve européen.

Vient ensuite le Dniéper dont la navigation est entravée
par les glaces de l'hiver et par des rapides; enfin le Don.

Bassin de la mer Caspienne. — Le Volga, le plus grand
fleuve de l'Europe (3,300 kil. de cours), serait plus important que le Danube, s'il était aussi bien situé. C'est
néanmoins une magnifique voie fluviale en été et une belle
route de glace en hiver. Navigable à 200 kilomètres de sa
source (plateau de Valdaï), il est uni par canal avec la
capitale de la Russie et par conséquent met en relation la
Baltique et la mer Caspienne.

Quant à l'Oural, il n'a pas une grande importance commerciale. Raison: la situation.

De cet aperçu rapide il résulte:

1° Que l'importance d'un fleuve n'est pas en raison de

son volume, mais bien de sa direction et des pays qu'il arrose;

2° Que notre Occident, sous ce rapport, est le plus favorisé.

L'Amérique, l'Asie, l'Afrique elle-même ont des fleuves plus considérables que les nôtres; mais, soit par les obstacles que ces cours d'eau rencontrent sur leur passage, soit défaut de population ou d'initiative de la part des habitants riverains, ils sont loin, en général, d'avoir la même activité commerciale. Jusqu'à ce jour nous pouvons leur opposer victorieusement la Tamise, le Rhin et le Danube. C'est que là, Messieurs, l'homme a su exploiter, compléter et même vaincre la nature; c'est que là vous retrouvez partout l'empreinte de son génie.

Il est un autre résultat que peut-être je n'ai pas su rendre assez apparent: c'est la méthode suivie par le professeur. Comme toute méthode, mais encore plus que toute autre méthode à cause de la multiplicité des matières, elle consiste à procéder avec ordre, à donner toujours les raisons de ce qu'on avance, à graduer, à épuiser chaque partie du sujet que l'on traite, à faire des rapprochements motivés, finalement à intéresser pour instruire. Et il est facile d'intéresser en géographie, car, dans cette science, sous chaque mot il y a toujours une histoire à raconter que l'enfant écoute d'une oreille avide, qui pique la curiosité de l'homme fait, l'invite à la réflexion, aux recherches, et qui grave à jamais les choses dans la mémoire. C'est par les choses qu'on apprend les mots.

Il ne me reste plus qu'à conclure.

Mon but serait atteint si, dans ce premier entretien, j'étais parvenu à vous démontrer que, par sa configuration ou ses limites extérieures, par la nature de sa surface, par son climat, par ses cours d'eau, l'Europe, en particulier l'Europe occidentale, est admirablement disposée, admirablement conformée pour le commerce maritime et intérieur. — Dans notre prochaine causerie, c'est-à-dire dans quinze jours, j'essaierai de vous donner une idée de ses grandes voies de communication artificielles, et j'aborderai, si c'est possible, l'analyse de ses contrées les plus commerçantes.

DEUXIÈME CONFÉRENCE

———

Messieurs,

En voyant les diverses industries disséminées à la surface de la terre, d'une manière si irrégulière en apparence, on est tout d'abord porté à croire que ce semblant de désordre est le fait du caprice ou des convenances personnelles de l'homme. Mais en y regardant de plus près, on s'aperçoit bientôt que le caprice n'y est pour rien, et qu'au contraire ce sont de puissants motifs qui ont déterminé l'homme à choisir telle ou telle localité pour y établir telle ou telle industrie.

Pourquoi, par exemple, avons-nous à Vienne les industries du fer, de la laine et des peaux? Si, pour répondre à cette question, nous restons dans notre époque, il nous sera assez difficile de donner des raisons bien péremptoires, car les progrès accomplis depuis un certain nombre d'années ont profondément modifié les conditions d'existence dans lesquelles se trouvaient ces industries à leur origine.

Mais si nous nous reportons par la pensée à 2 ou 3 siècles en arrière, à une époque où il n'y avait que peu ou pas de routes; où à chaque pas on trouvait, outre les droits de douane et des péages de diverses natures, des monnaies et des mesures variant d'une province à l'autre; à une époque enfin où mille entraves arrêtaient le commerce et l'industrie, qu'est-ce qui tout d'abord frappe notre attention? C'est que les produits se consommaient presque en totalité sur les lieux mêmes de la production, et qu'on n'expédiait au loin que ce qui ne pouvait être employé sur place.

Voyons donc, en ce qui concerne Vienne, ce qui a dû se passer.

St-Quentin, qui n'en est qu'à 25 ou 3o kilomètres (5 ou 6 lieues de ce temps-là), lui envoyait son fer ou son minerai, parce que la Gère fournissait un moteur pour les martinets et les machines soufflantes, parce que le Rhône offrait une route magnifique soit pour apporter le combustible de St-Etienne, soit pour transporter ailleurs les fers fabriqués.

J'ai eu, il y a quelques années, l'occasion de voir un plan imprimé de Vienne, datant de la fin du XVIe siècle ou du commencement du XVII°, autant que j'ai pu en juger par la gravure, les caractères et l'orthographe; eh! bien, dans ce plan, j'ai remarqué, entre autres choses, plusieurs maisons situées sur le bord de la Gère, et désignées sous le nom de *martinets*; et même l'une d'entre elles, sise sur la rive gauche de la rivière, un peu en aval de la rue de l'Éperon, était qualifiée ainsi :

Martinet où l'on fabrique des bonnes lames d'espées.

Les eaux de la Gère, en effet, passent pour excellentes pour la trempe de l'acier, et quand je songe que non loin d'ici, et peut-être ici même, on pourrait se procurer de l'acier avec des frais de transports insignifiants ou presque nuls, je me demande pourquoi il n'y aurait pas à Vienne une manufacture d'armes plutôt qu'à St-Etienne dont les eaux, dit-on, sont inférieures à celles de la Gère pour la trempe.

C'est donc au voisinage des mines de St-Quentin et de celles de St-Etienne, à la présence de la Gère et du Rhône que nous sommes redevables de l'existence, à Vienne, de l'industrie du fer.

Si maintenant nous passons du fer à la laine, il faut nous rappeler qu'à l'époque dont je parle, la propriété n'étant pas divisée comme elle l'est aujourd'hui, les nombreuses prairies qui entourent notre ville dans un rayon assez étendu, nourrissaient de grands troupeaux de bœufs et de moutons. Ces derniers animaux fournissaient une partie de la matière première, l'autre partie venait des Alpes, qui sont peu éloignées et dont les laines passent à bon droit pour les premières du monde, non pour la finesse mais pour la solidité. Ces laines étaient filées au fuseau par les bergères des environs ou au rouet par les ménagères de la ville et de la campagne, et donnaient un fil très-solide.

Aussi, malgré les entraves qui paralysaient alors l'élan du commerce, les *ratines* de Vienne jouissaient d'une réputation méritée, non seulement dans le Dauphiné et le haut Languedoc, mais encore dans une grande partie du midi de la France, et je ne sais si, grâce à la fameuse foire de Beaucaire, elles n'allaient pas voyager plus loin encore. Pour cette industrie la Gère ne servait guère alors qu'au lavage des laines et au foulage du drap. Ce sont donc les prairies environnantes, les Alpes, la Gère et le Rhône qui ont procuré à Vienne les éléments de l'industrie lainière.

Quant aux tanneries, les bois qui couronnaient les collines du voisinage fournissaient l'écorce de chêne; la Gère animait les moulins à broyer le tan et donnait l'eau nécessaire au lavage et au trempage des peaux; Lyon et les villes voisines envoyaient la matière première; enfin le Rhône et la foire de Beaucaire offraient des débouchés. Aujourd'hui cette industrie a perdu beaucoup de son importance, et semble s'éteindre dans le pays. Sans rechercher les causes de cette décadence, ce qui m'entraînerait trop loin, je crois pouvoir dire, sans crainte de me tromper beau-

2

coup, que la multiplication des voies de communication doit y entrer pour une bonne part, soit en permettant l'établissement de tanneries concurrentes dans des localités qui en étaient autrefois dépourvues, soit en favorisant le développement de cette industrie dans certains centres mieux partagés sous d'autres rapports.

De ces exemples, on peut conclure qu'il y a ordinairement un rapport intime entre une industrie et le sol sur lequel elle prend naissance. Il existe cependant certaines industries pour lesquelles la nature du sol n'a pas la même importance; ce sont celles pour lesquelles la valeur de la matière première est de beaucoup inférieure à celle qu'elle reçoit de la main-d'œuvre. Pour ces industries l'homme choisit les localités qui lui offrent les débouchés les plus faciles, soit par les voies de communication, soit par la proximité des lieux de consommation.

Quoi qu'il en soit, par ce qui précède il est aisé de voir qu'il est utile de connaître le sol, non seulement à sa surface, mais encore dans ses profondeurs; c'est-à-dire qu'à l'étude de la géographie il faudrait, au point de vue industriel, joindre celle de la géologie. Je ne prétends pas toutefois qu'il soit nécessaire d'en faire un cours aux enfants de l'école primaire; ils ont assez d'autres choses à apprendre. Mais on peut, de temps en temps, leur dire quelques mots à leur portée, tantôt sur un point de géologie, tantôt sur une industrie, tantôt sur un autre sujet se rapportant à la géopraphie, les intéresser ainsi à la leçon et leur aider par là même à retenir plus aisément le nom, la position, l'importance commerciale de la localité qui a donné lieu à ces explications.

C'est pour donner un exemple de ce qui peut être fait dans ce sens, que je vais vous dire quelques mots de géologie, de la houille et du fer.

Le sol que nous habitons a-t-il toujours été tel que nous le voyons aujourd'hui, c'est-à-dire, la terre a-t-elle eu dès le commencement l'aspect que nous lui connaissons?

On l'a cru longtemps, comme on croyait aussi que cet atôme, qui s'appelle l'homme, était le centre autour duquel gravitait l'univers tout entier. Mais la science a fait justice de ces erreurs, et grâce aux moyens d'investigation qu'elle perfectionne tous les jours, elle apporte à chaque instant de nouvelles preuves à l'appui de ses assertions.

Voyons donc, d'après la science, quel était l'état dans lequel se trouvait notre planète à son origine. Pour le découvrir, il nous faut pénétrer dans son sein et en étudier les diverses parties. Nous avons, sous la conduite de M. Marie, fait une promenade à la surface du sol; nous allons donc, si vous le voulez bien, faire dans le sous-sol une promenade analogue, et grâce à des guides sûrs, nous pourrons le parcourir dans tous les sens pour en admirer les merveilles. Je ne vous promets pas, toutefois, de vous le montrer dans son entier; il nous faudrait pour cela, à vous plus de temps que vous ne pouvez m'en accorder, à moi un talent et des connaissances que je n'ai pas. Mais je puis soulever simplement un coin du voile qui nous cache le monde à sa naissance.

Armons-nous donc d'un baromètre, d'un thermomètre et de quelques lampes Davy, et installons-nous, tant bien que mal, dans un de ces vastes paniers qui servent à l'extraction du minerai, et laissons au mécanicien le soin de régler notre descente ; il sait que nous n'avons pas le pied bien solide, et ne laissera se dérouler que tout doucement la corde à laquelle nous allons être suspendus.

Avant de descendre, donnons un coup d'œil au baromètre et au thermomètre. La hauteur du mercure, dans le baromètre, est de 0,745, ce qui nous indique que

nous sommes à 150 mètres au-dessus du niveau de la mer ;
le thermomètre accuse 15°. Maintenant nous descendons.
Voyez, la margelle du puits paraît s'élever au-dessus de
nous, et notre panier semble se dérober en tremblant sous
nos pieds. Ne vous en effrayez pas ; ce tremblement n'est
que l'effet du ressaut causé par le passage sur la poulie des
brins du câble auquel est attaché notre véhicule. La sensa-
tion de fraîcheur que vous éprouvez, nous annonce que nous
sommes déjà à près de 25 mètres de profondeur où règne
été comme hiver une température de 11°. A partir de ce
point nous verrons le thermomètre monter régulièrement
d'un degré par 33 mètres.

Maintenant tenez vos lampes élevées au-dessus de vos
têtes afin que la lumière se projette sur les parois du puits
sans vous éblouir, et regardez attentivement autour de
vous. Voici d'abord des couches horizontales qui vous an-
noncent que les terrains que nous traversons ont été dépo-
sés par les eaux et n'ont pas été dérangés depuis. Vous
voyez qu'ils reposent sur d'autres couches également
parallèles entre elles, mais qui ne sont plus horizontales ;
ce sont encore des terrains de *sédiment* ou de *stratification*
dérangés de leur position primitive par un soulèvement ou
un affaissement du sol. En voici d'autres présentant un
aspect différent ; ce sont bien encore des stratifications, il
est vrai, mais elles diffèrent des premières, en ce que leur
masse paraît avoir subi un commencement de fusion et
ensuite une demi-cristallisation. Nous arrivons enfin dans
une masse rocheuse dure, compacte, n'offrant à l'œil aucune trace de stratification, et présentant au contraire
l'aspect d'une cristallisation survenue par suite d'un refroidissement lent. C'est ici que se termine notre puits théorique ; le baromètre nous informe que nous sommes à 322
mètres de profondeur, et le thermomètre accuse 20 degrés,

température conforme à la progression que j'ai annoncée au commencement de notre descente. En supposant qu'elle croisse dans le même rapport jusqu'au centre de la terre, nous arriverons au chiffre fabuleux de 195.000 degrés. Des matières que nous connaissons il n'en est aucune qui puisse supporter une pareille température sans être réduite à l'état gazeux.

On peut donc sans peine admettre que la terre, à son origine, était une masse gazeuse incandescente, occupant dans l'espace un volume égal à 1.600.000 fois environ son volume actuel. Cette énorme sphère gazeuse, en vertu des lois qui régissent les corps célestes, était animée des deux mouvements démontrés par l'astronomie moderne, c'est-à-dire un mouvement de translation autour du soleil, et un mouvement de rotation sur son axe.

Dans un laps de temps qu'on ne saurait déterminer même approximativement, ces gaz, en parcourant les espaces inter-planétaires dont la température est très-basse, y perdirent une partie notable de leur chaleur, et les matières les moins *volatilisables* (1), se liquéfièrent et formèrent ainsi, au centre de la sphère gazeuse, un noyau liquide qui dut aller en grossissant graduellement jusqu'à ce qu'il eût atteint à peu près son volume actuel. Alors la surface liquide de ce noyau, par suite d'un refroidissement progressif, commença à passer à l'état solide. Il se forma ainsi une sorte de croûte flexible enveloppant le feu central, et comparable, relativement au volume de la masse liquide sous-jacente, à la crême du lait qu'on fait chauffer. Cette couche, trop faible pour résister aux vagues immenses de cette mer

(1) Qu'on me permette l'emploi de ce mot qui n'est pas français, mais qui devrait l'être, à mon avis, pour signifier susceptible d'être volatilisé.

intérieure, qu'agitaient le flux et le reflux déterminés par les attractions du soleil et de la lune, fut d'abord déchirée dans tous les sens; par ces déchirures jaillirent de nouvelles quantités de matières en fusion qui vinrent à leur tour se solidifier à la surface en se soudant aux parties déjà à demi durcies. Ces déchirements se renouvelèrent jusqu'à ce que ce sol naissant eût acquis une plus grande consistance, soit par son épaisseur, soit par un durcissement plus complet.

Alors ces phénomènes devinrent moins fréquents , mais ils laissèrent des traces plus profondes, car les masses soulevées étant plus considérables et n'ayant plus la même flexibilité, ne revinrent que plus difficilement à leur place ; de là des fractures immenses, des fentes, des fissures par lesquelles s'élancèrent de nouvelles quantités de matières en fusion, ou déjà à l'état pâteux.

Telle fut l'origine des premières montagnes, des crevasses, des cavernes, de certaines vallées, des filons métalliques, etc.

La température s'abaissant toujours, il vint un moment où les eaux, encore à l'état de vapeur, commencèrent à se condenser dans les régions supérieures de l'atmosphère, et, obéissant alors à la pesanteur, se dirigèrent vers le sol encore brûlant et formèrent les premières pluies. Or ce sol était composé de granit ; c'est-à-dire d'une agglomération de feldspath, de quartz et de mica. C'est la masse rocheuse cristallisée dans laquelle se termine notre puits théorique, et qui, jointe à d'autres roches peu différentes , constitue ce que les géologues appellent *terrains primitifs*.

Ce sol, dis-je, sous l'influence des pluies, fut en partie désagrégé, transformé en sable quartzeux et en argile, que les eaux transportèrent dans les parties les plus basses de la surface. Mais la terre étant encore très-chaude, non-seulement ces eaux furent rapidement réduites en vapeur, mais encore les sables et argiles qu'elles avaient transportés, en arrivant au contact de ce granit brûlant, subirent un commencement de fusion, et plus tard, par suite du refroidissement, une demi-cristallisation qui lui donna cet aspect intermédiaire que nous avons remarqué dans l'avant-dernière couche de notre puits. Les savants donnent à ces couches lamelleuses le nom de *schistes*.

Il serait difficile de dire combien de temps dura cette lutte entre l'eau et le feu ; toutefois on peut affirmer que dans le même temps se formèrent de nouvelles fractures du sol, causées soit par la contraction de la matière, soit par de nouveaux soulèvements. Par les fentes qui se produisirent alors, d'énormes quantités d'eau pénétrèrent sous la croûte terrestre où, au contact des matières encore en fusion, elles se chargèrent d'une quantité considérable de sels minéraux, notamment de carbonate de chaux, et furent immédiatement après rejetées au dehors par la tension des vapeurs qui se formèrent. Il en résulta des fleuves immenses d'eaux minérales qui, se déversant dans les mers déjà formées, laissèrent déposer les corps qu'elles tenaient en suspension. Telle fut l'origine des premières couches de *sédiment* ou *stratification*.

La terre alors était à une température qui, quoique supérieure encore de beaucoup à celle de nos jours, pouvait permettre à certains organismes de se manifester.

Aussi cette époque, qu'on appelle *époque de transition*, voit-elle apparaître les premiers végétaux et les premiers animaux. Les uns et les autres, d'abord tout-à-fait rudimentaires, ne laissèrent que peu de traces de leur passage, car leurs dépouilles, d'un tissu lâche et peu cohérent, furent facilement décomposées au milieu des matières où elles furent enfouies. Peu à peu cependant leur organisation devint plus complexe et plus solide, et aujourd'hui nous en retrouvons des restes d'autant mieux conservés qu'ils proviennent d'époques plus récentes ; c'est même d'après ces *fossiles* que les géologues fixent l'âge relatif des différentes couches qui constituent aujourd'hui l'écorce terrestre.

Je ne poursuivrai pas plus loin cet aperçu sur la formation du sol ; j'en ai dit assez pour intéresser les enfants dans plus d'une circonstance. Je m'étais promis de vous dire quelques mots sur la houille, et me voici précisément arrivé à l'époque où elle commença à se produire.

Il faut d'abord se rappeler qu'il régnait alors sur toute la surface de la terre une chaleur torride résultant de la chaleur centrale du globe, de sorte qu'il n'y avait qu'un seul climat, depuis l'équateur jusqu'au pôle. D'autre part des pluies incessantes couvraient le sol d'immenses marécages. Sous la double influence de la chaleur et de l'humidité, la terre produisit une végétation gigantesque et très-abondante. Des plantes qui de nos jours arrivent à peine à 1 mètre, 1 m. 50 de hauteur, telles que les fougères, les prêles, atteignaient alors jusqu'à 10, 12 m. de hauteur. Les autres plantes étaient à l'avenant. Dans les parties basses du sol cette végétation luxuriante naissait et mourait sur place, de sorte que des générations de plantes s'entassaient les unes sur les autres pendant une longue suite de siècles. Parfois d'autres plantes, entraînées des lieux plus élevés par des torrents comparables à nos plus grands fleuves, venaient s'arrêter sur les premières et en épaissir la couche. Puis un affaissement du sol ou un éboulement faisait disparaître le tout sous les eaux ou sous des masses de terre et de rochers. Sous cette pression énorme, les matières végétales achevaient de se décomposer ou plutôt de se transformer en charbon, sans perdre aucun de leurs éléments constitutifs. Aussi trouve-t-on encore dans la houille tous les produits empyreumatiques que l'on retire de la distillation du bois. Un autre fait qu'il n'est pas inutile de constater, c'est que dans la houille on a retrouvé l'empreinte d'un grand nombre de plantes, surtout de fougères; dans certaines couches même, des racines d'arbres gigantesques, devenues de la houille, ont conservé leur forme intacte, et le tronc, sans avoir subi une transformation aussi complète, a conservé sa position verticale comme pendant la vie de l'arbre.

Il est donc certain que la houille n'est que le produit d'une décomposition partielle ou plutôt d'une transformation de la matière des plantes marécageuses qui recouvraient alors la surface de la terre.

Il est à remarquer que la houille développe une plus grande quantité de chaleur que le bois. La raison en est que la densité moyenne de la houille représente environ 20 fois celle du bois, d'où il résulte qu'un volume de houille contient 20 fois autant de combustible qu'un même volume de bois.

Telle est la théorie généralement admise de la formation de la houille. Pour ajouter une nouvelle preuve à l'appui de cette théorie, plusieurs savants ont eu l'idée de la mettre en pratique dans leurs laboratoires. Ils ont pris des fragments de végétaux, les ont enfermés entre deux couches d'argile dans des vases clos de manière à ce que les plantes fussent soumises à une forte pression; ils ont maintenu le tout pendant un certain temps à une haute température humide, et ont obtenu ainsi de la véritable houille, brillante, cassante et combustible comme celle qui sort de la mine. Leur houille, il est vrai, coûtait un peu plus que du diamant, mais leur théorie était pleinement justifiée.

Je ne terminerai pas cet aperçu sur le houille sans vous

dire quelques mots des principaux gisements houillers de l'Europe occidentale.

Dans les îles Britanniques, l'Irlande n'est presque que charbon, le bassin houiller qu'elle contient occupant la plus grande partie du sol. En Ecosse et dans le nord de l'Angleterre sont deux bassins considérables, qui joints à celui d'Irlande et celui du pays de Galles, donnent un rendement annuel de 65.000.000 de tonnes.

L'important bassin de la Belgique méridionale où la houille est à fleur du sol, en fournit 8.000.000. Ce bassin qui se prolonge en France en pénétrant dans le sol, est exploité dans les départements du Nord et du Pas-de-Calais dont les mines mettent dans le commerce 3.000.000 de tonnes par an. Cette quantité ajoutée aux 160.000 tonnes des mines de Saône-et-Loire, aux 800.000 de la Nièvre, aux 3.000.000 de la Loire, aux produits de quelques autres mines de moindre importance, donne un total de 7 à 8.000.000 de tonnes pour la France. L'Allemagne en extrait 8.900.000 ; l'Espagne à peine 500.000.

Comme vous le voyez, la France, eu égard à son étendue, est moins favorisée que l'Angleterre et la Belgique. Aussi, sa consommation annuelle étant de 21 à 22 millions de tonnes, sommes-nous tributaires de ces deux contrées pour les 13 à 14 millions qui nous manquent.

Je vais, pour terminer cet entretien, vous dire quelques mots d'une industrie pour laquelle la houille est de première nécessité, tant pour la préparation de la matière que pour la mise en mouvement des outils. Je veux parler du fer.

Comme vous le savez, le fer se trouve dans la terre sous forme de minerai, c'est-à-dire mélangé ou combiné avec d'autres substances. Je n'entrerai pas dans le détail des différentes espèces de minerai, car, sans échantillons sous les yeux, les noms que je vous donnerais n'auraient aucun intérêt, et décrire chaque espèce demanderait trop de temps. Il faut savoir toutefois que certains minerais sont mélangés de parties terreuses dont on les débarrasse par un ou plusieurs lavages avant de les traiter par le feu. Nous supposerons donc le minerai prêt à être fondu.

Pour procéder par ordre il faut d'abord donner la description des appareils dans lesquels s'opère la fusion du minerai. Il en existe plusieurs sortes, mais les plus importants sont la forge catalane et le haut-fourneau. Je ne veux vous parler que de ce dernier, car il permet d'opérer sur des quantités de matières beaucoup plus considérables qu'on ne peut le faire par les autres procédés.

Qu'est-ce donc que le haut-fourneau?

Le haut-fourneau se compose de deux troncs de cône, A, B réunis par leurs bases. (Fig. 1). Le tronc supérieur A s'appelle la *cuve*. Il est formé par un revêtement intérieur de briques réfractaires E séparé par une couche de scories concassées I, d'un second revêtement en briques O, sur lequel s'appuie la masse de la maçonnerie extérieure ou *massif* du haut-fourneau. L'ouverture supérieure de la cuve, qui porte le nom de *gueulard*, est fermée par une soupape dont voici la description. Cette soupape se compose d'un cône A en forte tôle ou en fonte, suspendu à une chaîne B mise en mouvement par de puissants leviers, ou par un treuil. Le diamètre de ce cône, à la base, est un peu plus grand que celui de l'ouverture inférieure d'une trémie conique C, de manière qu'en montant il la bouche parfaitement. Autour du gueulard règne une galerie prise sur l'épaisseur de la maçonnerie et permettant aux ouvriers d'en faire le tour. Cette galerie communique par un pont muni de rails avec une plate-forme sur laquelle arrivent des wagons chargés de minerai ou de combustible.

Le tronc de cône inférieur B, s'appelle les *étalages*, et doit être construit en pierres aussi peu fusibles que possible à cause de la chaleur intense qu'il doit supporter.

Au-dessous se trouve un espace circulaire C, appelé *l'ouvrage*, qui descend jusqu'au bas du fourneau où se trouve le *creuset* D, de forme rectangulaire. Trois des parois du creuset sont le prolongement des parois de l'ouvrage, la quatrième est formée par une pierre E appelée la *dame*, et qui laisse une ouverture entre elle et la *tympe* F placée à la partie antérieure du fourneau.

Cette ouverture est en partie bouchée par de l'argile; on n'y laisse qu'un petit trou par lequel s'échappent les scories.

Au bas du creuset est un autre orifice appelé *trou de coulée* qui reste toujours bouché pendant que la fusion s'opère, et qu'on débouche au moment de la *coulée* pour donner issue à la fonte.

Le tout est environné d'une épaisse maçonnerie destinée à empêcher la déperdition de la chaleur (1). A la hauteur de l'ouvrage sont des embrasures H, permettant aux ouvriers de s'approcher du creuset. Dans les deux embrasures latérales, et dans celle qui est à la partie postérieure du fourneau, s'engagent des tuyaux G destinés à amener dans le foyer le vent d'une machine soufflante.

La machine soufflante d'un haut-fourneau se compose d'un cylindre de fonte A (Fig. 2) dans lequel se meut un piston plein P, mis en mouvement soit par l'eau, soit par une machine à vapeur. Le haut et le bas du cylindre sont percés d'ouvertures C, fermées par des soupapes s'ouvrant de dehors en dedans, et destinées à laisser

_____

(1) Aujourd'hui, dans beaucoup de hauts-fourneaux, on supprime cette épaisse maçonnerie.

entrer l'air extérieur dans le cylindre. Deux autres ouvertures D, munies de soupapes s'ouvrant de dedans en dehors, permettent à l'air chassé par le piston de se rendre par les tuyaux E dans un réservoir à air qui n'est pas représenté sur la figure, mais qui est en communication avec les tuyaux G (Fig. 1) qui se terminent par des tuyères V aboutissant à l'ouvrage C.

Maintenant, voyons fonctionner la machine : supposons le piston P descendant ; il tend à faire le vide au-dessus de lui, car la soupape D, poussée par l'air des tuyaux E se ferme ; mais en même temps, les soupapes C du haut du cylindre s'ouvrent sous la pression atmosphérique, et l'air s'engouffre au-dessus du piston. Pendant ce temps-là, que se passe-t-il au dessous du piston ?

Sous la pression qu'il détermine par sa descente, les soupapes C se ferment et emprisonnent l'air, la soupape D s'ouvre en même temps et donne à l'air comprimé une issue dans les tuyaux E, qui le conduisent au réservoir.

Le piston vient-il à remonter, les mêmes phénomènes vont s'accomplir ; seulement les organes de la partie supérieure du cylindre prendront le rôle que viennent de remplir ceux de la partie inférieure et réciproquement. Il n'y a donc pas d'interruption dans l'émission du vent.

Maintenant voyons comment s'opère la transformation du minerai en fonte et en fer.

La *charge* se compose généralement de trois sortes de matières : le combustible, la *castine* (pierre à chaux) et le minerai. Pour *charger*, l'ouvrier amène auprès du gueulard des vagonets portant la charge, les vide successivement dans la trémie C, puis avec une pelle il égalise la charge tout autour de la soupape A; cela fait, il laisse descendre la soupape, les matériaux tombant alors dans la cuve, viennent former une nouvelle couche qui se superpose à celles qui y ont déjà été déposées auparavant. Quant aux proportions des matières qui composent les *charges*, elles varient avec la nature du minerai.

Suivons maintenant la marche de la charge dans le haut-fourneau. Ces matières se dessèchent dans la partie supérieure de la cuve. Un peu plus bas, avant d'arriver dans les étalages, elles commencent à se décomposer sous l'influence de la température plus élevée. Dans la partie supérieure des étalages l'oxyde de fer perd son oxygène et la castine achève de se calciner; dans la partie inférieure où la température est beaucoup plus élevée, la castine se combine avec les autres matières terreuses du minerai et la cendre du charbon pour former les scories qui entrent alors en fusion.

Dans *l'ouvrage* le fer métallique se combinant avec l'acide carbonique fourni par le charbon et la castine, passe à l'état de fonte et tombe goutte à goutte dans le creuset, ou le laitier (scories) arrive en même temps. La différence des densités suffit pour séparer les deux matières; le creuset contient donc un bain de fonte surmonté d'une couche de laitier. Lorsque la matière arrive au niveau de la dame E., le laitier coule par dessus dans une rigole à ce destinée, où il durcit assez vite, et des hommes l'enlèvent au fur et à mesure. Lorsque la fonte arrive à peu près au niveau de la dame, c'est le moment de la *coulée*. Alors un homme spécialement chargé de ce soin ouvre l'orifice inférieur du creuset en enlevant l'argile qui le bouchait, et la fonte s'écoule dans des moules préparés à l'avance dans du sable.

Ordinairement ces moules donnent à la fonte cette forme prismatique sous laquelle on la désigne par le nom de *gueuse* ou *gueuset*, et qui est destinée soit à une seconde fusion pour faire des objets de petite ou moyenne dimension, soit à être portée dans d'autres fours pour y être transformée en fer. On peut aussi, au sortir du haut-fourneau, recevoir cette fonte dans d'autres moules de gros objets, tels que des bâtis de machines, des tuyaux de conduite pour les eaux ou le gaz, des boulets de canon, etc.

Lorsqu'on a à faire des objets qui demandent une fonte plus épurée, on la porte dans d'autres fourneaux appelés *cubilots*, où elle subit une nouvelle fusion qui lui enlève les matières étrangères qu'elle pourrait encore contenir. Ici, au lieu de la laisser couler dans des rigoles, on la reçoit, au sortir du trou de coulée, dans des vases en fer plus ou moins grands appelés *poches*, avec lesquels on la transporte et on la vide dans les moules disposés dans les diverses parties de l'atelier.

Veut-on faire du fer? L'opération principale consiste à enlever à la fonte le carbone qui la rendait fusible et les parties terreuses qu'elle contient encore. C'est ce qu'on appelle le *puddlage*.

Il y a deux manières de procéder: l'affinage au petit foyer, et l'affinage par la méthode anglaise. L'affinage au petit foyer se fait en employant le bois comme combustible; ce procédé donne un fer excellent, très-doux, trèsmalléable et très-ductile; mais il n'en peut fournir que de petites quantités à la fois. Aussi il n'est guère employé que dans les contrées où le bois est abondant comme en Suède, en Espagne, et dans certaines parties de la France, comme à Allevard, dans notre département, dans certaines usines de la Franche-Comté, des Pyrénées, etc. Pour ne pas abuser de votre attention et de votre temps, je ne vous décrirai pas cette méthode quelque intéressante qu'elle soit. J'ai hâte de terminer ce trop long entretien, en vous donnant une description sommaire du procédé anglais généralement pratiqué dans nos contrées, et qui permet d'obtenir à la fois des quantités considérables de fer forgé.

L'opération exige l'emploi de deux foyers. Dans le premier on met la gueuse provenant du haut-fourneau ; sous l'influence de la haute température développée par ce foyer qu'on appelle *feu de finerie*, la fonte entre en fusion sous le vent d'une machine soufflante et y perd une partie de son carbone et des matières terreuses. Le métal fondu coule dans une large rigole où il prend la forme de plaque. Cela donne un métal blanc, très-aigre et cassant qu'on appelle *fine-métal*.

On expose ensuite le fine-métal dans un four à reverbère à une très-haute température et à un courant d'air humide. Pendant tout le temps que dure l'opération, un ouvrier agite la masse en fusion avec un ringard pour l'exposer au courant d'air, afin d'enlever au fer le carbone qu'il peut encore contenir. Il reconnaît que l'affinage est suffisant à la constitution pulvérulente de la matière. Alors il fait écouler par la partie postérieure du four une portion des scories ; puis avec son ringard il assemble les parties pulvérulentes du métal qu'il soude les unes aux autres en les comprimant et forme ainsi une sorte de boule qu'il roule sur la sole du four de manière à ce que, comme le fait la boule de neige, elle se grossisse des fragments de fer non encore agglomérés. Cela fait, il pousse cette boule contre l'*autel* (petite muraille qui, jusqu'à une certaine hauteur, sépare le foyer du four). Il fait alors une seconde boule, puis une troisième, et ainsi de suite, jusqu'à ce qu'il ait réuni tout le fer qui garnit la sole. Chaque boule est ensuite portée sous un puissant marteau mis en mouvement soit par une roue hydraulique, soit par une machine à vapeur. Sous la pression de ce marteau, les parcelles de fer achèvent de se souder ensemble, et les scories qui restent encore dans la masse en sont expulsées. Depuis une quinzaine d'années un grand nombre d'usines réunissent les deux opérations en une seule, faisant ainsi une économie de temps et de combustible.

Ici, Messieurs, je m'arrête. Je vous ai montré comment une pierre appelée minerai devient successivement de la fonte et du fer. Je ne puis, vous le comprenez, vous faire ici un traité complet de métallurgie. Ce que je vous en ai dit vous suffit pour vous montrer comment vous pouvez, de temps à autre, intéresser vos jeunes élèves à l'étude de la géographie. En entreprenant ce travail, je n'ai pas eu d'autre but, et je compte que votre bienveillante confraternité me pardonnera les nombreuses imperfections que vous y aurez trouvées.

TROISIÈME CONFÉRENCE

Messieurs,

Il y a quinze jours, si vous daignez vous le rappeler, nous avons étudié ensemble la configuration de l'Europe, sa surface, son climat et ses principaux fleuves, et de cette étude ou plutôt de cet aperçu nous avons conclu que l'Europe, en particulier l'Europe occidentale, est parfaitement douée par la nature, parfaitement articulée au point de vue du commerce maritime et intérieur. Aujourd'hui, d'après l'ordre précédemment indiqué, qui est l'ordre logique, je vais essayer de vous donner une idée de ses grandes voies de communication artificielles, c'est-à-dire de ses canaux et de ses chemins de fer, car je regarde comme un fait acquis sa prééminence pour les voies de terre, pour les routes proprement dites.

Les peuples ayant tendu pendant de longs siècles à créer des obstacles aux communications internationales plutôt qu'à les favoriser, il en résulte que les grandes voies artificielles qui unissent les différents Etats, sont encore incomplètes; mais l'Europe a été dessinée sur un plan si heureux, que ses habitants ont eu généralement peu à faire pour établir un système à peu près complet de navigation intérieure.

France. — A cet égard, la France a la gloire d'avoir

devancé les autres nations. Son premier canal, celui de Briare, date de Henri IV; son plus beau, celui du Languedoc, de Louis XIV. Elle a aujourd'hui trois autres canaux des deux mers: celui du Centre, qui unit la Saône à la Loire; celui de Bourgogne, qui unit la Saône à l'Yonne, et celui du Rhône au Rhin. En outre, les bassins du Rhin, de la Meuse, de l'Escaut, de la Seine et de la Loire communiquent entr'eux deux à deux, et, sur sa frontière belge, elle a un réseau aussi complet que la Belgique et l'Angleterre; aussi ce point est-il le théâtre de sa plus active navigation intérieure. Il ne lui reste plus à réunir que les bassins de la Loire et de la Garonne. « On a remarqué depuis longtemps que ces deux fleuves devaient être reliés par un canal qui mettrait en communication les deux grandes cités commerçantes de Bordeaux et de Nantes, et qu'il serait également nécessaire d'ouvrir un canal entre Lyon et Bordeaux. » (M. Chéruel).

Angleterre. — L'Angleterre est le pays dont la navigation intérieure est le plus en harmonie avec le commerce maritime : Londres, Birmingham, Manchester, Liverpool, Bristol sont chacune le point central de tout un réseau de canaux. La région britannique étant un pays généralement plat se prêtait admirablement aux travaux de canalisation.

En Ecosse, il faut citer le canal de Forth et Clyde qui unit Edimbourg et Glasgow, et le canal Calédonien accessible aux frégates.

L'Irlande elle-même possède, entre autres, un canal qui unit Dublin à Limerick.

Hollande. — « La Hollande n'est que canaux. » Nous mentionnerons seulement son plus beau canal, celui du Nord, qui va d'Amsterdam à la pointe du Helder et qui est accessible aux plus grands bâtiments. Je dois signaler ce fait particulier à certaines contrées, notamment aux Pays-

Bas : là, les canaux, les fleuves, sont de véritables routes de grande communication. Voyageurs et marchandises, transportés sur des embarcations bien conduites, y circulent sans difficulté et promptement.

Belgique. — La Belgique est également couverte de canaux. Anvers est le point central d'où ces canaux rayonsur Gand, Bruges et Ostende, pour la mettre en communication avec l'Angleterre ; sur notre frontière, pour se réunir à nos canaux de Flandre et d'Artois ; sur le nord, pour se joindre aux canaux de la Hollande.

Allemagne. — L'Allemagne, qui a tant de chemins de fer, a peu de canaux ; mais elle en possède un bien remarquable en Bavière : c'est le canal Louis, ou Charlemagne, qui réunit le Rhin au Danube par deux de leurs affluents et par conséquent la mer du Nord à la mer Noire.

Suisse. — La Suisse est trop accidentée pour pouvoir unir ses différents versants par canaux ; elle est d'ailleurs située presque tout entière dans le bassin du Rhin ; mais, au moyen de ses lacs, elle présente encore une assez belle navigation intérieure. Ils sont utilisés, soit pour le transport des marchandises, soit pour les voyageurs.

Autriche. — L'Autriche, immense et montagneuse, n'a pas de système de canalisation, parce que ce n'est pas une région naturelle, et que ses bassins sont trop divergents. Toutefois elle possède en Hongrie le canal de Pesth et le canal François qui unissent le Danube à la Theiss, les deux plus grands cours d'eau de l'Empire.

Prusse. — La Prusse a peu de canaux. Le principal est celui de Finow qui unit le Havel, affluent de l'Elbe, à l'Oder, par conséquent la mer du Nord à la Baltique.

Danemarck. — Le Danemarck avait le canal de Holstein qui unit ces deux mêmes mers, en évitant le circuit des Détroits. Ce canal est aujourd'hui prussien.

Scandinavie. — La Scandinavie, qui en général ne communique avec le reste du continent que par la mer, a voulu aussi éviter les détroits par le canal de Gotha, trait d'union entre les lacs Wener et Wetter. De nombreux bâtiments de commerce et même des bâtiments de guerre passent par cette belle ligne de navigation longue de plus de 300 kilomètres.

Russie. — La Russie a un beau système de canalisation. Le lac Ladoga communique avec le Volga et par conséquent relie Astrakan à St-Pétersbourg ; la Dwina du sud avec le Niémen et la Bérésina, affluent du Dniéper ; le Niémen avec le Pripet, autre affluent du Dniéper ; et il serait facile d'unir le Don avec le Volga, et le Volga avec l'Oural. La disposition plane et uniforme du sol faciliterait singulièrement ces grands travaux. La Russie doit y songer.

Europe méridionale. — Quant aux trois péninsules du Midi, si divisées par la nature, elles sont presque totalement déshéritées de canaux. Toutefois la Lombardie possède un admirable système de canaux de navigation, et surtout d'irrigation, « œuvre des grandes républiques lombardes qui jetèrent au moyen-âge un si vif éclat et donnèrent au commerce de la péninsule un développement si hardi. » A la vue de cet inextricable réseau de voies fluviales, de digues, etc., etc., on pourrait se croire en Hollande, si la végétation, si le ciel, si le soleil n'annonçaient l'Italie.

De ce simple exposé il résulte :

1° Que l'Europe, si favorisée quant à ses cours d'eau naturels, ne l'est pas moins quant à ses cours d'eau artificiels ;

2° Que, sous ce dernier rapport, sa partie occidentale est la partie privilégiée. C'est que là, Messieurs, là surtout, l'homme a su seconder, compléter l'œuvre de la nature ;

c'est que là surtout se condense une population intelligente, laborieuse, industrieuse et industrielle.

Les fleuves, selon l'expression de Pascal, sont des chemins qui marchent ; mais ils marchent plus ou moins rapidement. Or, la vapeur, qui fit une révolution dans la navigation maritime, en fit une aussi dans la navigation fluviale. On alla beaucoup plus vite en descendant le cours d'eau, un peu plus vite en le remontant. C'était autant de gagné dans un siècle où le temps, c'est de l'argent. Quant aux canaux, dont la destination générale est le transport des marchandises pesantes, encombrantes, leur marche, on le sait, est encore plus lente que celle des fleuves, et, pour l'activer, il est question en ce moment de leur appliquer un nouveau système de halage, le halage à vapeur. En fait de routes, l'Europe est bien la mieux dotée des cinq parties du monde ; mais, dans notre siècle si affairé, si pressé, l'homme a trouvé qu'il voyageait avec trop de lenteur, même en diligence. La vapeur, appliquée à la traction des véhicules, fit aussi une révolution dans la voierie terrestre. Aujourd'hui le chemin de fer prime de beaucoup et la route et le canal et le fleuve lui-même ; pour lui les pentes étant peu sensibles, presque toujours il vous emporte avec la même vitesse ; il ne connaît pas de barrières ; il traverse les montagnes, et demain peut-être il traversera la mer.

Ce serait, Messieurs, une histoire curieuse à vous raconter que celle des premières origines de ces voies aujourd'hui si répandues, qui se multiplient chaque jour et qui dans un avenir prochain couvriront le globe entier. Mais je suis limité par le temps ainsi que par la nature et l'abondance des matières à traiter. Ce serait manquer aux lois de la proportion que d'insister sur des origines, si intéressantes qu'elles soient, quand j'ai à peine le loisir de constater des faits accomplis. Toutefois, pour vous montrer que les grandes choses se font lentement, que telle invention qu'on croit récente a ses racines dans le passé et le passé le plus lointain, je dirai quelques mots sur le point de départ des voies nouvelles. Je les emprunte à *La France à vol d'oiseau* (Collection des bons livres).

« L'idée de faciliter la traction des voitures en plaçant sous leurs roues des corps unis, durs et résistants, en établissant des ornières à voies fixes, est très-ancienne. On employa d'abord le bois, puis la pierre, puis la fonte et le fer. Les ruines du temple de Cérès à Eleusis, offrent des débris de pièces de bois évidemment disposées pour atteindre ce but. Des moyens semblables ont dû être employés par les Egyptiens, quand ils transportèrent les énormes blocs de leurs monuments. Il y a déjà plusieurs siècles, en Allemagne, on se servait de chemins de bois composés de blocs formant ornières. Autrefois, sur les flancs du mont Pilate, en Suisse, une voie creuse, longue de 12 kil., formée de 25,000 sapins, était établie pour le transport des bois de charpente. En Angleterre, dès le règne de Charles II, on se servait de chemins à rails en bois pour l'exploitation des houillières de Newcastle. En 1776, on adapta aux blocs de bois des ornières en fer. Plus tard on employa le système des rails saillants, avec rebords des roues pour les maintenir sur la voie. Le premier chemin de fer public destiné aux marchandises est de 1800. Mais ce ne fut que par l'invention et le perfectionnement des locomotives que les chemins de fer acquirent toute leur importance. » Vous voyez, Messieurs, les progrès accomplis dans cet ordre de choses, depuis les rails de bois du temple de Cérès jusqu'aux rails de fer actuels qui se fabriquent ici même, où vole la locomotive traînant après elle cette longue file de wagons qui, à chaque heure, à chaque instant, traversent notre ville.

Nous sommes tellement habitués aux merveilles de toutes sortes, que souvent nous oublions ce qu'elles ont coûté de temps, d'efforts, de génie, de persévérance.

Les communications internationales par les chemins de fer, quoique plus récentes, sont beaucoup plus actives que celles par canaux.

Angleterre. — L'Angleterre, bien que ne pouvant entrer, à cause de sa position particulière, en communication directe avec le reste de l'Europe, a donné l'exemple du grand développement que peuvent recevoir les voies nouvelles. C'est le pays d'Europe qui en a le plus.

De Londres partent 8 lignes qui rayonnent vers toutes les extrémités de l'île, et, par les ports du sud, se relient avec le continent Européen.

L'Irlande a aussi ses chemins de fer : Dublin est uni à Cork.

France. — La France, assez longtemps retardataire, a aujourd'hui un réseau presque complet, composé de 6 grandes lignes partant de Paris, et dont 4, celle du Havre, celle du Nord ou de Belgique, celle de l'Est et celle de la Méditerranée, la mettent en communication avec l'Angleterre, la Belgique, l'Allemagne, la Suisse et l'Italie. La ligne du Midi se relie aux chemins de fer espagnols.

Belgique. — La Belgique présente un réseau presque complet dont le point central est Malines, et qui la met en communication avec l'Angleterre par la mer du Nord, et avec la Hollande la Prusse et la France.

Hollande. — La Hollande a tant de canaux qu'elle pourrait à la rigueur se passer de voies ferrées. Elle a voulu pourtant se rattacher au Hanovre, à la Prusse et à la Belgique.

Prusse. — La Prusse est sillonnée de chemins de fer qui

la mettent en communication avec tous les Etats circon-
voisins, avec le Danemarck, la Hollande, la Belgique, la
France, la Suisse, l'Autriche et la Russie. Berlin a 7 têtes
de lignes. Le nouvel empire, pour favoriser l'unification,
s'occupe de rectifier ses chemins de fer.

Autriche. — Les chemins de fer austro-hongrois se
divisent naturellement en deux réseaux : le réseau autri-
chien, dont le centre est à Vienne, et qui est le plus développé; le réseau hongrois, dont le centre est à Pesth, et qui
est encore très-incomplet, mais d'une grande importance stratégique et commerciale. Les chemins de fer
autrichiens communiquent avec la plupart des contrées
avoisinantes.

Suisse. — La Suisse, malgré les difficultés que présente son sol hérissé de montagnes, a déjà un fort
beau réseau dont Zurich et Berne peuvent être considérés
comme les centres. Ses relations les plus actives sont
avec la France.

Danemark et Scandinavie. — Le Danemark se relie à
son extrémité sud par Kiel et Altona (villes aujourd'hui
prussiennes), avec le reste de l'Europe ; mais la Scandinavie, isolée par ses glaces du continent avec lequel elle
ne communique que par mer, est d'ailleurs trop peu peuplée, pour que les chemins de fer y puissent prospérer.
Exception en faveur de la Suède méridionale.

Russie. — La Russie, qui s'est fait pendant longtemps
un système de son isolement, travaille sur une vaste échelle
à l'établissement complet d'un système de lignes de fer, que
favorise du reste la nature du pays. La longueur totale
des voies ferrées qui y sont aujourd'hui exploitées est de
plus de 14,000 kil.

Les chemins de fer russes n'ont pas, à proprement
parler, de centre unique. Ils rayonnent autour des quatre

points d'un immense quadrilatère dont St-Pétersbourg, Moscou, Varsovie et Odessa forment les angles. Leur importance stratégique est incalculable ; ils centuplent la force militaire de l'empire des czars.. A l'occasion de la guerre d'Orient, le czar Nicolas disait : « Nous sommes vaincus par les distances. » Il n'en est plus de même aujourd'hui, ou il n'en sera plus de même demain. La Russie, non contente de poursuivre l'achèvement de son réseau européen, s'occupe en ce moment à établir des chemins de fer en Asie , qui traverseront la Perse pour se rattacher aux lignes de l'Inde anglaise, et la Sibérie pour relier la capitale aux ports de l'Océan Pacifique.

Europe méridionale. — Dans le midi de l'Europe, les nouvelles voies de communication ne sont guère plus nombreuses que les canaux. Toutefois, il y a une notable exception en faveur de l'Italie. Cette contrée qui, sauf la vallée du Pô, était à peu près entièrement dépourvue de chemins de fer avant 1860, possède aujourd'hui plus de 6,000 kil. de voies ferrées en exploitation. On peut les diviser en deux réseaux d'importance inégale :

1° Celui de la haute Italie, excessivement développé en Piémont, encore incomplet en Vénétie ;

2° Celui de l'Italie péninsulaire, dont la construction a été conçue, préparée, exécutée en peu d'années, et dont l'achèvement est prochain. Napoléon avait jeté de magnifiques routes sur le Simplon et le mont Cenis. Nos ingénieurs contemporains ont percé cette dernière montagne, devenue ainsi un merveilleux trait d'union entre l'Italie et la France. Là encore le labeur humain a triomphé de la nature. C'est une glorieuse étape de plus faite par le génie.

Malgré les difficultés du sol, et bien que son réseau soit loin d'être achevé, l'Espagne communique avec la France

et le Portugal. Rien de plus exotique que le chemin de fer
en Espagne; rien qui ne trahisse plus l'importation, l'em-
prunt fait à l'étranger; c'est un nouveau monde qui
contraste avec la nature, les mœurs, la langue, les souvenirs
de ce pays.

Quant à la péninsule hellénique, elle n'a qu'un petit
chemin de fer de 7 kil., d'Athènes au Pirée, et la Turquie
n'a guère que des tronçons.

En résumé, l'Angleterre et l'Europe centrale sont les
pays où l'on voit le plus de chemins de fer. Les deux
capitales les plus reculées qui se trouvent par ce moyen
mises en rapport sont Madrid et St-Pétersbourg.

Ainsi, sur terre, comme sur mer, l'espace et le temps
ont été en partie supprimés par la vapeur. Grâce à
elle, marchands et marchandises, voyageurs affairés,
voyageurs savants, voyageurs fantaisistes, toutes les classes
de voyageurs, qui sont innombrables, peuvent en quelques
jours faire non seulement le tour de l'Europe, mais du
monde. Ainsi le commerce s'étend, les idées se propagent ;
ainsi finalement s'élargit le cercle de la civilisation. Il semble qu'on ne puisse aller plus vite. Cependant, Messieurs,
le génie a trouvé des moyens de communication bien plus
prompts, bien plus étonnants. Un fil de métal, presque
imperceptible, va porter la pensée de l'homme à des distances infinies avec la rapidité de la pensée elle-même. Il
sillonne la terre, il traverse la mer et met en communication directe, immédiate, les trois continents. Vous avez
nommé là télégraphie électrique, terrestre et sous-marine.
Jusqu'à ce jour, l'Océan Pacifique, trop profond, s'est
opposé à la réalisation de ce miracle. Ce miracle s'accom-
plira, Messieurs, il ne faut pas en douter, car si Dieu a dit
à la mer, une force aveugle : « Tu n'iras pas plus loin, »
il semble qu'il n'ait pas posé de limites au génie de

l'homme fait à son image et ressemblance, au génie de l'homme dont le trait caractéristique, dont l'attribut souverain est l'invention ou la création.

En résumé général, dans nos deux entretiens, j'ai essayé de vous faire connaître ou plutôt de rappeler à votre mémoire la configuration ou les limites extérieures de l'Europe, la nature de sa surface, son climat, ses principaux fleuves, sés canaux, ses chemins de fer, et même, en passant, j'ai dit un mot de la télégraphie électrique. L'ordre que j'ai suivi dans ces questions, si je ne me trompe, c'est déjà de la méthode, et, comme vous avez pu vous en apercevoir, une méthode nouvelle en ce sens que tout y est lié, enchaîné d'une manière rationnelle, et que, au lieu de se renfermer dans le particulier, elle associe les idées analogues et trace des tableaux d'ensemble. Or, de cet exposé, hélas ! trop rapide, nous avons conclu que l'Europe, spécialement l'Europe occidentale, est heureusement douée par la nature, habilement disposée par l'homme, au point de vue du commerce maritime et intérieur. Après vous avoir décrit le théâtre, et même le sous-sol du théâtre, partie dont s'est chargé mon collègue M. Eichel, il me resterait à mettre en scène les acteurs qui, ici, sont des puissances, les unes de premier ordre, les autres de second et même de troisième ordre, mais qui, toutes, à des degrés divers, jouent un rôle commercial important, et qui, sous ce rapport, exigeraient chacune une étude particulière, en quelque sorte individuelle. Je me proposais de vous les présenter d'après leur distribution géographique, à savoir: Angleterre, Hollande, Belgique, France, Suisse, Espagne et Portugal, Italie, — car ces huit contrées par rapport à la masse de l'Europe en forment la partie occidentale, et, prises en bloc, au point de vue industriel et commercial, elles sont de beaucoup les plus importantes. A mon grand regret, le peu de temps que j'ai à ma disposition m'en interdit l'analyse, sous peine de tomber dans une sèche et fastidieuse nomenclature, ce que je tiens à éviter. D'ailleurs je n'ai nullement la prétention de vous faire des leçons dont vous n'avez nullement besoin; mon office est plus modeste : il consiste à vous montrer par des exemples la méthode du professeur; non point à faire de la science, mais à exposer la méthode d'une science toute faite. Y ai-je réussi, Messieurs? Je l'ai tenté du moins dans la mesure de mes forces et les limites du temps qui m'a été accordé.

Pour conclure, et afin de laisser dans vos esprits une idée aussi nette que possible de cette méthode, je vais la préciser et la motiver en quelques mots :

1° *Étude de la géographie physique.*

C'est la base de toute étude géographique; c'est la base même de la géographie commerciale. Cousin a dit excellemment : « Donnez-moi la carte d'un pays, sa configuration, son climat, ses eaux, ses vents, toute sa géographie physique; donnez-moi ses productions naturelles, sa flore, sa zoologie, etc., et je me charge de vous dire *à priori* quel sera l'homme de ce pays et quel rôle ce pays jouera dans l'histoire, non pas accidentellement, mais nécessairement; non pas à telle époque, mais dans toutes; enfin l'idée qu'il est appelé à représenter. » Cette observation du philosophe doit se prendre dans un sens général, mais non dans un sens absolu. Il s'agit du rapport général des lieux à l'homme. Or, il arrive parfois que l'homme non seulement modifie la nature, mais la conquiert, la dompte, la transforme, la crée pour ainsi dire à nouveau, et règne sur elle. J'en donnerai bientôt un illustre exemple.

2° *Le caractère des habitants.*

La géographie physique le fait connaître en partie. Pourquoi l'Anglais est-il si excellent marin, si grand industriel?

Pourquoi possède-t-il à un si haut degré le génie colonisateur ? Vous avez la réponse, une première grande raison : la position, la nécessité, la fatalité géographique. — Pourquoi la France est-elle à la fois agricole, commerciale, industrielle ? Tous encore, vous avez répondu à cette question.

Mais pourquoi la Hollande, ce pays si marécageux, si plat, si bas, car en bien des endroits, il est situé au-dessous du niveau moyen de l'Océan ; pourquoi ce pays, si petit par la surface, si petit par la population (la Hollande entière n'atteint pas le chiffre de la population de Londres), pourquoi ce pays a-t-il joué un si grand rôle comme puissance maritime, commerçante, colonisante ? Ici, Messieurs, la géographie physique est muette ; ici, le génie de l'homme est tout. La Hollande est la conquête de l'homme sur l'Océan.

3° *Les productions ; les produits.*

Je n'insisterai pas sur ce point ; il a été traité par mon collègue. — Pour cette question encore, il y a un ordre méthodique à suivre. S'agit-il de la richesse minérale d'un pays, de l'Angleterre par exemple, l'ordre à suivre est celui-ci : houille, fer, cuivre, etc., etc. ; importance des dépôts ; mode d'extraction, d'exploitation, toutes ces questions s'enchaînent, se commandent.

Un des traits originaux de la méthode de M. Ganeval consiste à prendre un produit à sa source, des mains de la nature, et à le conduire, à travers tous les perfectionnements qu'il reçoit de la main de l'homme, jusqu'au marché, *à la place*, et de là au lieu d'exportation. Ce mode d'exposition, qui n'est autre chose que l'histoire *naturelle, industrielle et commerciale* du produit, en rend l'étude très-intéressante et très-fructueuse. De là les avantages résultant de la visite des mines, des grands établissements industriels locaux. Voir par ses yeux est un excellent moyen d'apprendre.

4° *Les voies de communication naturelles ou artificielles.*

Il faut particulièrement insister sur les chemins de fer, d'autant plus que, sur le continent, ce sont les voies les plus usitées, et on ne doit pas oublier que pour ces voies la ligne la plus directe n'est pas toujours le plus court chemin d'un point à un autre.

A ce 4° chef peuvent se rattacher les questions suivantes: importation, exportation, statistique comparée des principaux Etats. Tout cela ne s'exprime guère qu'en chiffres; mais les enfants ont bonne mémoire, et d'ailleurs, vous le savez, la leçon doit toujours être proportionnée à l'âge et au développement intellectuel de l'enfant.

Si j'osais, Messieurs, invoquer auprès de vous quelque expérience de l'enseignement, du métier, comme on dit, à la méthode précédemment indiquée j'ajouterais quelques procédés purement pédagogiques. Mais là, j'ai grand'peur de ne rien vous apprendre.

1° *Les voyages.*

Rien de plus intéressant, de plus instructif que les voyages, faits d'abord sur la carte, puis de mémoire. On peut prendre la voie de terre ou de mer, telle voie qui plait ou qui s'impose. L'enfant est toujours prêt à se mettre en route, surtout s'il est accompagné d'un bon guide; il est heureux; il va de découvertes en découvertes; il remarque tout sur son passage; il retient facilement le nom des villes importantes, leur genre de commerce, les moyens, la rapidité ou la lenteur des transports; et ainsi, il a l'agrément, le plaisir fructueux de faire en quelques minutes le tour d'une contrée particulière, de l'Europe, ou du monde.

2° *Le tracé des cartes.*

Oui, le tracé des cartes au tableau noir, au crayon ou à la plume, avec ou sans couleurs, de dimension variée. A l'aide du crayon seulement, on peut, par des nuances graduées, indiquer la hauteur relative ou approximative des montagnes, la profondeur relative des mers etc., etc. Le dessin grave la figure dans l'esprit. En récitant, l'enfant croit voir encore.

3° *La méthode interrogative.*

C'est une des plus anciennes et c'est peut-être la meileur, bien que les autres aient leur valeur propre, et il est bon de les alterner. Par là, l'enfant est obligé de chercher, de réfléchir, de répondre enfin ; et s'il ne le fait pas, s'il ne répond pas, à la rigueur, *in extremis,* un autre enfant ou finalement le maître le fait à sa place. En philosophie, c'était la méthode de Socrate. Aussi appelait-on Socrate *l'accoucheur des esprits.*

Tels sont, Messieurs, moins ce qui m'est personnel ou plutôt ce qui appartient à mes maîtres, tels sont et le caractère et la marche de cette méthode. Elle n'est peut-être pas entièrement neuve, car nous la suivons généralement dans nos cours d'enseignement spécial. MM. Cortambert et Levasseur, nos auteurs de prédilection, ont disposé leurs cours à peu près dans cet ordre, et il me souvient d'avoir lu dans un vieil in-quarto intitulé *Le Parfait Négociant,* ouvrage qui a servi de base à la célèbre ordonnance de commerce de 1673 (1), et à notre code de commerce actuel, il me souvient, dis-je, d'avoir lu d'aucunes pages où le respec-

---

(1) A cette date, le *Parfait Négociant* n'avait pas encore paru ; il est né seulement deux ans après de mémoires qui ont été l'inspiration principale du Code Marchand, une des gloires du grand siècle, et que Pussort appelait à juste titre le *Code Savary.*

table auteur de ce livre, Jacques Savary, recommande des procédés à peu près analogues. « *Rien de nouveau sous le soleil*; » plus on vieillit, moins on trouve cet adage paradoxal. — Toutefois, dans cette rencontre, il n'y a rien d'étonnant, car l'auteur dont je parle avait fait du commerce une étude toute spéciale, avait été commerçant lui-même, avait beaucoup d'ordre dans ses idées, dans ses affaires, en a mis beaucoup dans son livre, et il était doué d'un suprême bon sens. Or, s'il fallait caractériser d'un mot cette méthode, je dirais: c'est l'ordre ou la raison même, car tout y est clair, car tout y est motivé.

Les rapprochements que je me suis permis de faire n'ôtent donc rien au mérite de M. Ganeval. — Il ne s'est point donné comme créateur; il s'est inspiré de l'Ecole industrielle de Mulhouse, et il n'a pas craint de l'avouer; — mais, par un travail personnel, par un éclectisme intelligent, d'éléments divers, épars ou imparfaitement unis il a su composer un tout harmonieux, une méthode très-simple, très-facile à suivre, et appelée, je n'en doute pas, à rendre un vrai service à l'enseignement. Du reste, vous pourrez le consulter lui-même, car il doit publier prochainement un cours complet de géographie commerciale, et cet ouvrage sera, je crois, déposé chez M. Devers, libraire, rue Ponsard.

Aussi, Messieurs, après la Chambre de commerce de Vienne qui a pris l'initiative de ces conférences; après la Chambre de commerce, dont l'honorable président, M. Harel, dont le zélé secrétaire, M. Bouvier, et plusieurs autres membres ont daigné assister à nos causeries, c'est à M. Ganeval, le conférencier de Lyon, que vous devrez ce qu'elles peuvent renfermer pour vous d'utilité pratique. Dans cette circonstance, M. Eichel et moi, nous n'avons été que des interprètes, que des porte-voix, qu'un écho;

mais heureux de l'être auprès de vous, et en son nom et au mien, tous, votre chef (1) en tête, je vous remercie du temps précieux et de l'attention sympathique que vous avez bien voulu nous accorder.

(1) M. Humbert, inspecteur des écoles, ne s'est pas contenté d'appeler à nos entretiens et d'y accompagner un auditoire choisi : il nous a fait l'accueil le plus bienveillant, le plus cordial, et nous sommes heureux de pouvoir ici lui en exprimer tout particulièrement notre reconnaisance. M. Jacob, notre excellent principal, et M. l'abbé Chenu, aumônier du Collége, sont venus eux-mêmes à ce rendez-vous de famille, et leur présence, toute spontanée, toute sympathique, a été pour nous un honneur et un encouragement.

Vienne, impr. SAVIGNÉ.

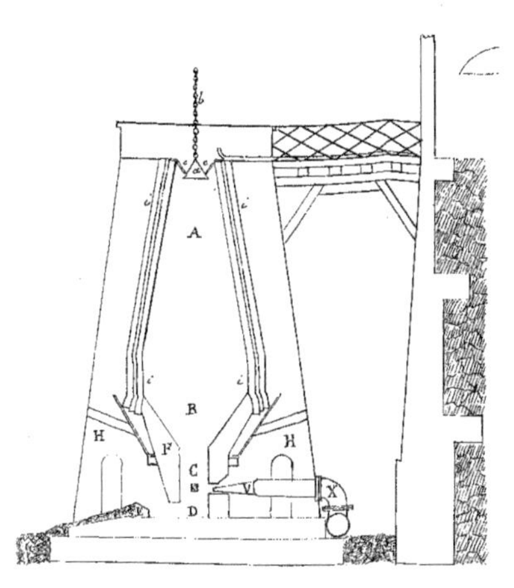

Fig. 1.

A, Cuve. — B, Etalages. — C, Ouvrage. — D, Creuset. — E, Dame. — F, Tympe. — H, Embrasures permettant d'approcher du creuset. — X, tuyau porte-vent. — V, tuyère. — H, soupapes fermant la trémie c. — b chaîne pour manœuvrer la soupape a. — i, chemise.

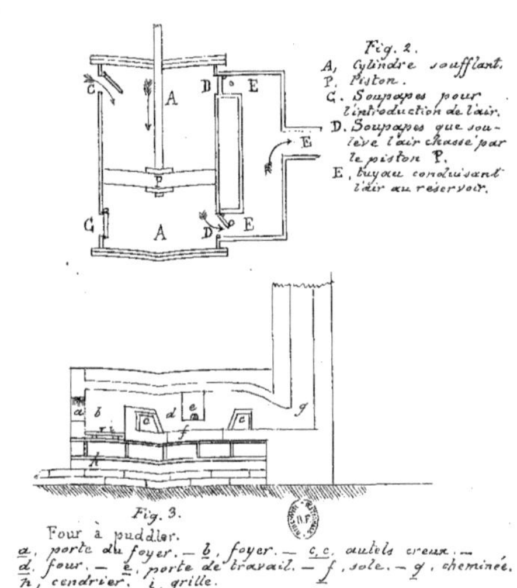

Fig. 2.

A, Cylindre soufflant.
P, Piston.
C, Soupapes pour l'introduction de l'air.
D, Soupapes que soulève l'air chassé par le piston P.
E, tuyau conduisant l'air au réservoir.

Fig. 3.

Four à puddler.

a, porte du foyer. — b, foyer. — c, c. autels creux. — d, four. — e, porte de travail. — f, sole. — g, cheminée. — h, cendrier. i, grille.